TARIF = MEMENTO

DES

Droits d'Enregistrement et de Timbre

APPLICABLES AUX

SOCIÉTÉS FRANÇAISES

Prix : 2 francs

PARIS

ÉDITIONS DU LLOYD FINANCIER

50bis, Rue Pierre-Charron (VIIIe)

ET DES JURIS-CLASSEURS

18, rue Séguier (VIe)

1921

Guide pratique du Droit fiscal
des Sociétés françaises

PAR

Jean MICHEL

Docteur en droit
Avocat à la Cour d'Appel

Ouvrage contenant un exposé complet et à jour de la législation fiscale applicable aux Sociétés françaises : Enregistrement ; — Taxe de transmission ; — Impôt sur le revenu des valeurs mobilières ; — Droit de timbre ; — Taxe de mainmorte ; — Droit d'accroissement; — Impôts cédulaires ; — Impôt sur le chiffre d'affaires ; — Impôt sur les opérations de Bourse ; — Contributions directes et assimilées; — Contributions indirectes, etc.

Simple, clair, réunissant en un seul volume les matières dispersées dans un grand nombre d'ouvrages, ce guide est l'auxiliaire indispensable de l'homme d'affaires, du fondateur et de l'administrateur de Sociétés.

PRIX EN SOUSCRIPTION :

15 FRANCS

LLOYD FINANCIER

Société Anonyme au Capital de 15.000.000 de Francs

30 bis, Rue Pierre-Charron (VIIIe)

CONSEIL D'ADMINISTRATION

Président :

Comte d'AUDIFFRET-PASQUIER, à Paris.

Vice-Présidents :

MM. HEUZEY (Charles), Ancien Député, Maire-Adjoint du 16e, Administrateur de la Banque Nationale Française du Commerce Extérieur.

VAIRON (Charles), Agent Maritime à Paris, Administrateur de Sociétés.

Administrateur-Délégué :

M. BERROGAIN (Charles), Chevalier de la Légion d'honneur, Administrateur de l'Office National du Commerce Extérieur.

Administrateurs :

MM. BESSON (Léon), Officier de la Légion d'honneur, Président de la Cie Marseillaise de Madagascar.

BLOCH (Jules), Officier de la Légion d'honneur, Exportateur, Vice-Président de la Banque Nationale Française du Commerce Extérieur.

CERF (Jean), Industriel à Paris, Administrateur de Sociétés.

DELEST (André), Industriel à Paris.

DELPECH (Jean), Chevalier de la Légion d'honneur, Administrateur de la Banque Nationale Française du Commerce Extérieur, Administrateur-Délégué de l'Est-Asiatique Français.

de BRUYN (François), Agent Maritime à Paris.

LLOYD FINANCIER

BILAN ARRÊTÉ AU 31 DÉCEMBRE 1920

ACTIF

Disponibilités.	
Caisses, Banques, Effets à l'encaissement	2.428.076.45
Participations financières. .	1.367.782.59
Clients et Débiteurs.	1.109.049.68
Actionnaires	11.250.000.00
Comptes d'ordre	395.525 60
	16.550.434.32

PASSIF

Capital		15.000.000.00
Comptes de Dépôt		879.961.89
Comptes d'ordre.		67.746.30
Profits et Pertes.		
Bénéfices de l'exploitation	397.588.93	602.726.13
Prime aug. de cap.	205.137.20	
		16.550.434.32

TARIF = MEMENTO

DES

Droits d'Enregistrement et de Timbre

APPLICABLES AUX

SOCIÉTÉS FRANÇAISES

Prix : 2 francs

PARIS

ÉDITIONS DU LLOYD FINANCIER

50bis, Rue Pierre=Charron (VIIIe)

ET DES JURIS-CLASSEURS

18, rue Séguier (VIe)

1921

AVERTISSEMENT

La législation fiscale des Sociétés a été l'objet, au cours de l'année 1920, de remaniements importants qui ont porté principalement sur les tarifs applicables. Ce Memento n'a d'autre but que de rappeler sous une forme volontairement schématique, les droits d'enregistrement et de timbre applicables aux Sociétés françaises.

Notre « Guide pratique du droit fiscal des Sociétés françaises », actuellement sous presse, complétera ce tarif synoptique en donnant à tous ceux que leur profession ou leurs intérêts mettent en contact avec le droit des Sociétés, les principes essentiels de la législation avec les textes applicables et toutes références utiles à la doctrine des auteurs et à la jurisprudence.

Consultez. page 27 et suiv. l'Index Alphabétique.

PREMIÈRE PARTIE

'ENREGISTREMENT

SECTION I

DROITS EXIGIBLES LORS
DE LA CONSTITUTION DE LA SOCIÉTÉ

I. — Droit proportionnel, droit fixe, droit de transcription.

1° *Droit proportionnel :*

1 % sans décimes.

(L. 29 juin 1918, art. 15.)

OBSERVATION. — *Le droit proportionnel de 1 % est exigible sur la valeur des apports exclusivement rémunérés par des droits sociaux (parts d'intérêt ou actions); si, en plus de ces droits, un prix est stipulé en faveur de l'apporteur, ou si la rémunération de l'apport consiste exclusivement en ce prix, les droits de mutation à titre onéreux deviennent exigibles. (V. ci-dessous, p. 8.)*

2º Droit fixe :

6 fr. sans décimes.

(L. 22 juin an VII, art. 67, § 3, nº 4; — L. 25 juin 1920, art. 28.)

OBSERVATION. — *Sont dispensés du droit proportionnel de 1 % et soumis au droit fixe :*
a) *Les actes constitutifs des* Sociétés sans but lucratif : *associations de la loi de 1901 ; sociétés d'assurances mutuelles ; tontines ; sociétés de crédit agricole ; caisses de crédit agricole ; associations syndicales qui ne se proposent pas de réaliser ou de partager des bénéfices ; sociétés civiles d'obligataires ; syndicats professionnels.*
b) *Les actes constitutifs des sociétés dont la* constitution définitive est subordonnée à une condition suspensive.

3º Droit de transcription :

OBSERVATION. — *L'apport pur et simple d'immeubles à une société n'est pas seulement soumis au droit proportionnel de 1 % ; il est assujetti, en outre, au droit de transcription qui comprend deux taxes distinctes : 1º le droit de transcription proprement dit, dont le paiement est obligatoire, lors de la présentation de l'acte à l'enregistrement ; 2º le droit de formalité de transcription, qui n'est dû qu'autant que la transcription est effectivement requise.*

Tarif :

a) Droit de transcription proprement dit :

2 % sans décimes.

(L. 25 juin 1920, art. 25.)

b) Droit de formalité de transcription :

0 fr. **25** % sans décimes.

(L. 27 juillet 1900.)

II. — Dispositions indépendantes.

— Le contrat de société n'est assujetti au droit de 1 % ou au droit fixe qu'autant qu'il ne contient que des dispositions dépendantes.

Qu'est-ce qu'une disposition dépendante?

C'est, selon la formule d'un auteur, la disposition « qui règle une question que le contrat ne pouvait pas ne pas régler ». Ainsi on ne concevrait pas un contrat de société sans désignation d'apports rémunérés par des droits sociaux, sans disposition statutaire fixant la répartition des bénéfices et la contribution aux pertes. Aucun autre droit que la taxe de 1 % n'est perçue sur ces dispositions dépendantes.

Il n'en est pas de même pour des dispositions qui ne répondent pas à ces conditions; si elles sont utiles à la société, la société peut subsister en leur absence; aussi sont-elles dites indépendantes. *Ainsi en est-il, par exemple, de la clause par la-*

✶✶

quelle un associé donne à bail à un autre associé ou à un tiers un immeuble lui appartenant ; ainsi en est-il de la disposition par laquelle un associé fait un apport à la société moyennant une rémunération autre que l'attribution de droits sociaux. Dans le premier cas, il s'agit d'un louage ; dans le second, d'une vente. Les dispositions indépendantes qui impliquent vente (Apports à titre onéreux) sont les plus fréquentes dans la pratique.

OBSERVATION. — *Le droit de vente est dû, que le prix de l'apport soit payé directement à l'apporteur ou à ses créanciers, que ce paiement ait lieu en vertu des statuts ou d'un acte postérieur, et quelle que soit la nature des valeurs remises ou promises en contre-partie de l'apport : numéraire ; prise en charge d'un passif ; obligations ; délégation d'intérêts fixes.*

1° *Bail.*

a) Cession de bail faite à la société, à charge par elle de payer les loyers :

0 fr. 60 % sans décimes.

(L. 25 juin 1920, art. 26.)

b) Cession de bail faite à la société, à charge par elle de payer à l'apporteur du droit au bail un prix indépendant des loyers.

α) S'il s'agit d'un droit au bail d'un immeuble ne faisant pas partie d'un fonds de commerce, ou s'il s'agit du droit au bail d'un immeuble dépendant d'un fonds de commerce sis ailleurs qu'à Paris :

5 % sans décimes.

(L. 25 juin 1920, art. 24.)

β) Dans la même hypothèse, mais à Paris :

6 fr **25** % sans décimes.

(L. 31 déc. 1900, art. 1 et 10, § 4, et L. 25 juin 1920, art. 24.)

2° *Brevets d'invention, marques de fabrique.*

a) Apport à titre onéreux d'un brevet non incorporé à un fonds de commerce ou incorporé à un fonds de commerce sis ailleurs qu'à Paris :

5 % sans décimes.

(L. 25 juin 1920, art. 24.)

b) Apport à titre onéreux d'un brevet incorporé à un fonds de commerce sis à Paris :

6 fr. **25** % sans décimes.

(L. 31 déc. 1900, art. 1 et 10, § 4, et L. 25 juin 1920, art. 24.)

c) Apport à titre onéreux d'une licence :

0 fr **60** sans décimes.

(L. 25 juin 1920, art. 26.)

3° *Concessions autres que les concessions de chemins de fer.*

***A*)** Si la somme versée aux apporteurs représente des travaux par eux effectués :

5 % sans décimes.

(L. 25 juin 1920, art. 24.)

***B*)** Sur les sommes remboursées pour avances, frais et débours :

1 fr. **25** % (1 % augmenté de 2 déc. 1/2).

(L. 22 frimaire an VII, art. 14, § 2.)

4° *Concessions de chemins de fer :*

0 fr. **625** % (Droit de quittance) ou **1** fr. **25** % (Droit d'obligation), selon que le remboursement des sommes représentant les dépenses des apporteurs est ou n'est pas immédiat.

5° *Créances :*

1 fr. **25** % (1 % plus 2 décimes 1/2).

(L. 22 frimaire an VII, art. 14, n° 2.)

6° *Effets négociables.*

a) Cession à titre onéreux, par voie d'endossement.

Aucun droit n'est dû.

b) Cession à titre onéreux dans la forme civile :

1 fr. **25** % (1 % augmenté de 2 décimes 1/2).
(L. 22 primaire, an VII, art. 14, n° 2.)

7° *Fonds de commerce.*

a) Sur le prix du fonds de commerce proprement dit.

α) A Paris :

6 fr. **25** % sans décimes.
(L. 25 juin 1920, art. 24, et L. 31 déc. 1900, art. 1 et 10, § 4.)

β) Ailleurs qu'à Paris :

5 % sans décimes.
(L. 25 juin 1920, art. 24.)

b) Sur le prix des marchandises neuves garnissant le fonds.

α) A Paris :

1 fr. **57** % sans décimes.
(L. 25 juin 1920, art. 24, et L. 31 déc. 1900, art. 1 et 10, § 4.)

β) Ailleurs qu'à Paris :

1 fr. **25** % sans décimes.
(L. 25 juin 1920, art. 24.)

c) Sur la portion non payée du prix stipulé :

0 fr. **05** % sans décimes.

(L. 17 mars 1909, art. 34.)

8° *Immeubles.*

a) Immeubles situés en France :

10 % sans décimes.

(L. 25 juin 1920, art. 25. — V. cet article sur le tarif applicable en cas d'achat pour revendre.)

b) Immeubles situés à l'étranger :

1 % sans décimes.

(L. 29 juin 1918, art. 15.)

9° *Marché.*

En cas de stipulation d'un prix :

5 % sans décimes.

(L. 25 juin 1920, art. 24.)

10° *Meubles :*

5 % sans décimes.

(L. 25 juin 1920, art. 24.)

11° *Mines, minières, carrières.*

a) Apport à titre onéreux du droit d'exploiter :

5 % sans décimes.

(L. 25 juin 1920, art. 24.)

b) Apport à titre onéreux du droit de propriété sur la mine, ou du droit d'exploiter jusqu'à complet épuisement :

10 % sans décimes.

(L. 25 juin 1920, art. 25.)

c) Apport à titre onéreux d'un droit de recherches :

10 % sans décimes.

(L. 25 juin 1920, art. 25.)

d) Apport à titre onéreux d'une mine située à l'étranger.

α) Droit ayant un caractère immobilier d'après la *lex loci* :

1 % sans décimes.

(L. 29 juin 1918, art. 15.)

β) Droit ayant un caractère mobilier d'après la *lex loci* :

5 % sans décimes.

(L. 25 juin 1920, art. 24.)

12° *Navires.*

a) Navires de plus de 100 tonnes de jauge nette :

5 % sans décimes.

(L. 25 juin 1920, art. 24.)

b) Navires de moins de 100 tonnes de jauge nette :

6 fr. sans décimes.

(Instr. du 31 juillet 1920.)

13° *Titres nominatifs et parts d'intérêt.*

0 fr. **90** % sans décimes.

(L. 25 mars 1914, art. 41.)

II. — DISPOSITIONS INDÉPENDANTES DIVERSES.

1° *Cautionnement :*

0 fr. **625** % (0,50 % plus 2 déc. 1/2).

2° *Cessions conditionnelles de droits sociaux :*

6 fr. sans décimes.

(L. 25 juin 1920, art. 28.)

3° *Marchés.*

a) Marchés louage :

6 fr. sans décimes.

(L. 11 juin 1859, art. 22; — L. 25 juin 1920, art.28.)

ou **1** fr. **25** % (1 % plus 2 décimes 1/2)

(L. 22 frimaire an VII, art. 69, § 3, n° 1.)

selon que le marché peut bénéficier ou non des dispositions de la loi du 11 juin 1859.

b) Marché vente :

6 fr. sans décimes.

(L. 11 juin 1859, art. 22.)

ou **5** % sans décimes.

(L. 25 juin 1920, art. 24.)

selon que le marché peut bénéficier ou non des dispositions de la loi du 11 juin 1859.

4º *Obligation* (Droit d') :

1 fr. **25** % (1 % plus 2 déc. 1/2).

(L. 22 frimaire an VII, art. 69, § 3, nº 3.)

5º *Ouverture de crédit* : .

0 fr. **625** (0,50 plus 2 déc. 1/2) sur l'acte constatant la promesse.

0 fr. **625** lors de la réalisation du crédit.

(L. 23 août 1871, art. 5.)

6º *Cessions conditionnelles de droits sociaux.*

a) Lors de l'enregistrement de l'acte de société :

6 fr. sans décimes.

(L. 25 juin 1920, art. 28.)

b) En cas de réalisation de la condition.

α) Si la cession laisse subsister la société entre les associés restants :

0 fr. 90 %.

β) Si la cession entraîne la dissolution de la société, on applique les tarifs édictés en cas de partage. *(V. ci-dessous p. 18.)*

SECTION II

DROITS D'ENREGISTREMENT EXIGIBLES AU COURS DE LA SOCIÉTÉ

1º *Augmentation du capital.*

1 % sans décimes.

(L. 29 juin 1918, art. 15.)

2º *Réduction du capital.*

a) Réduction de capital ayant pour effet de substituer à la société dont le capital est réduit une société nouvelle :

1 % sans décimes.

(L. 29 juin 1918, art. 15.)

b) Réduction n'ayant pas pour effet d'attribuer aux associés une portion de l'actif social :

6 fr. sans décimes.

c) Réduction ayant pour effet d'attribuer à certains associés une partie de l'actif social :

0 fr. **50** % sans décimes.

(L. 29 juin 1918, art. 5.)

d) Réduction ayant pour conséquence l'attribution au profit d'associés dont la retraite motive cette réduction de valeurs prises en dehors de l'actif social :

0 fr. **90** % décimes compris.

3° *Fusion.*

Droit proportionnel de :

1 % sans décimes,

ou droits de vente, selon qu'il s'agit d'apports purs et simples ou d'apports à titre onéreux.

4° *Transformation de société ayant pour effet de créer une société nouvelle.*

Droit fixe de :

6 fr. sans décimes

ou droit proportionnel de :

1 % sans décimes, selon les cas.

5° *Prorogation :*

1 % sans décimes.
(L. 29 juin 1918, art. 15.)

6° *Cession de droits sociaux :*

0 fr. **90** % décimes compris.

(L. 29 mars 1914, art. 41.)

SECTION III

DROITS D'ENREGISTREMENT EXIGIBLES LORS DE LA DISSOLUTION, DE LA LIQUIDATION ET DU PARTAGE DES SOCIÉTÉS

I. — *Dissolution :*

15 fr. décimes compris.

(L. 22 frimaire an VII, art. 68, § 3, 4°; — L. 25 juin 1920, art. 28.)

II. — *Partage.*

OBSERVATION. — *Les partages sont soumis au droit proportionnel de 0,50 %; mais on commettrait une erreur en croyant que cette taxe est seule applicable en toutes hypothèses. Lorsque les opérations du partage ont pour résultat d'attribuer une valeur apportée en société à un autre que l'apporteur, le droit proportionnel de mutation à titre onéreux devient exigible; d'où le tarif suivant :*

a) Attribution à un associé des valeurs dont il a fait apport à la société; — attribution d'acquêts :

0 fr. **50** % décimes compris.
(L. 29 juin 1918, art. 5.)

b) Attribution d'un apport à un associé autre
que l'apporteur :

Droits de vente.

DEUXIÈME PARTIE

TIMBRE
DES ACTIONS ET OBLIGATIONS

SECTION I

TIMBRE DES ACTIONS

1º TIMBRE AU COMPTANT.

a) *Sociétés dont la durée n'excède pas 10 ans :*

1 % décimes compris.
(L. 5 juin 1850, art. 14; — L. 25 juin 1920, art. 48.)

b) *Sociétés dont la durée excède 10 ans :*
2 % décimes compris.
(L. 5 juin 1850, art. 14; — L. 25 juin 1920, art. 48.)

2º TIMBRE PAR ABONNEMENT :

0 fr. **10** % décimes compris.
(L. 5 juin 1850, art. 22; — L. 25 juin 1920, art. 48.)

SECTION II

TIMBRE DES OBLIGATIONS

1º OBLIGATIONS DE SOCIÉTÉS AUTRES QUE LE CRÉDIT FONCIER.

a) *Timbre au comptant :*

2 % décimes compris.

(L. 5 juin 1850, art. 27; — L. 25 juin 1920, art. 48.)

b) *Timbre par abonnement :*

0 fr. **10** % décimes compris.

(L. 5 juin 1850, art. 31; — L. 25 juin 1920, art. 48.)

2º OBLIGATIONS ET LETTRES DE GAGE ÉMISES PAR LE CRÉDIT FONCIER.

a) *Timbre au comptant :*

0 fr. **50** % sans décimes.

(L. 8 juillet 1852, art. 29.)

b) *Timbre par abonnement :*

0 fr. **05** % sans décimes.

(L. 30 mars 1872, art. 1; — I, 2445, § 2, nº 1.)

TROISIÈME PARTIE

DROIT DE TRANSMISSION

1° Droit de transfert :

0 fr. **90** % sans décimes.

(L. 29 mars 1914, art. 41.)

2° Taxe annuelle :

OBSERVATION. — *Sont soumis à la taxe annuelle les titres au porteur et les titres nominatifs qui ne sont pas exclusivement transmissibles par transfert sur les registres de la société.*

0 fr. **50** % sans décimes.

(L. 25 juin 1920, art. 49.)

3° Conversion de titres nominatifs en titres au porteur :

2 % sans décimes.

(L. 25 juin 1920, art. 49.)

Sur le remboursement de la taxe en cas de remploi en titres nominatifs.

V. L. 31 juillet 1920, art. 17.

QUATRIÈME PARTIE

LA TAXE SUR LE REVENU DES VALEURS MOBILIÈRES, LES PRIMES DE REMBOURSEMENT ET LES LOTS

1° TAXE SUR LE REVENU :

10 % sans décimes.

(L. 25 juin 1920, art. 50.)

2° TAXES SUR LES PRIMES DE REMBOURSEMENT :

10 % sans décimes.

(L. 21 juin 1875, art. 5; — L. 25 juin 1920, art. 50.)

3° TAXE SUR LES LOTS :

20 % sans décimes.

(L. 25 juin 1920, art. 50.)

INDEX ALPHABÉTIQUE

Imp. de Montligeon La Chapelle-Montligeon (Orne). — 11249-4-1921.

Librairie des JURIS-CLASSEURS

18, Rue Séguier — PARIS (VIe)

Téléphone : GOB. 09-49 — Chèques postaux : PARIS-6.509

La Spéculation Illicite

Coalition, Accaparement
Spéculation Illicite
Spéculation sur les Loyers

Extrait du JURIS-CLASSEUR PÉNAL (Articles 419-420)
104 PAGES in-4°

PAR

Henry SAILLARD

Substitut du Procureur Général près la Cour d'Appel de Paris

Prix : 30 francs

Librairie des JURIS-CLASSEURS

18, Rue Séguier — PARIS (VIᵉ)

Téléphone : GOB. 09-49 — Chèques postaux : PARIS-6.509

LE

Registre du Commerce

et les obligations légales

IMPOSÉES

aux Industriels, Commerçants & Sociétés commerciales

*Commentaire de la loi du 18 Mars 1919
du Règlement d'Administration publique du 15 Mars 1920
de l'arrêté ministériel du 22 Mars 1920
et de tous textes ultérieurs*
SUIVI D'UN FORMULAIRE GÉNÉRAL

Par Mᵉ Eugène COURBIS
DOCTEUR EN DROIT, AVOCAT AU BARREAU DE SAINT-ÉTIENNE

Prix : 15 francs

Librairie des JURIS-CLASSEURS

18, Rue Séguier — PARIS (VIᵉ)

Téléphone : GOB. 09-49. — Chèques postaux : PARIS-6.509.

La Liquidation

des

Dettes d'Avant-Guerre

COMMENTAIRE DE LA LOI DU 27 DÉCEMBRE 1920

ET DU

DÉCRET DU 28 DÉCEMBRE 1920

PAR

Gustave LARDEUR

Docteur en droit
Avocat à la Cour d'Appel

PRIX : 7 FR. 50

CONSULTATIONS ÉCRITES

en matière

DE SOCIÉTÉS

—•╫•—

Constitutions

Transformations

Dissolutions et Liquidations

Droit fiscal

Droit Financier

Bénéfices de guerre

Pour toutes communications, s'adresser à

M. J. LABIC

Directeur des JURIS-CLASSEURS

18, Rue Séguier — PARIS (VI°)

Adresse télégraphique : JURISCLASS-PARIS
Téléphone : GOBELINS 09-49
Chèques postaux : PARIS 6.509

www.ingramcontent.com/pod-product-compliance
Lightning Source LLC
LaVergne TN
LVHW011415170726
843501LV00006B/2218